I0470494

Curso de inicio a la fotografía

Bienvenido al curso básico de fotografía que te ofrezco a través de mi web, LookMediaSpain.com

Introducción

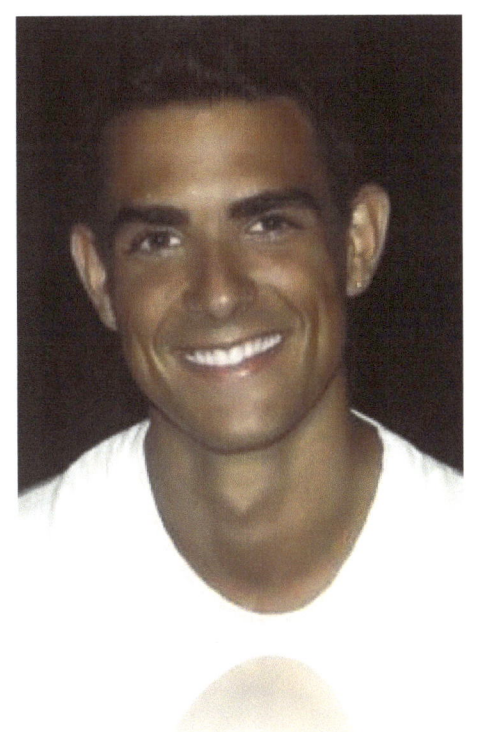

Mi nombre es Toni Galera, soy el creador y administrador de la web sobre temática "Media Digital" LookMediaSpain.com. Quiero presentarte este curso básico que he creado pensando en los más iniciados en esto de la fotografía. En el abarcaré diferentes temas respecto a la fotografía, aunque no me introduciré demasiado en las respectivas modalidades o técnicas que existen a la hora de tomar fotografías ya que cada una de ellas da para un curso en si mismo.

En este curso repasaremos los conceptos básicos que todo fotógrafo debe conocer, tales como exposición, medición, enfoque, ISO, apertura de diafragma, velocidad de exposición, modos de cámara, y un largo etcétera incluyendo una introducción a la composición con alguna técnica básica.

Sin más deseo que lo disfrutes tanto como yo disfruto escribiéndolo y compartiéndolo.

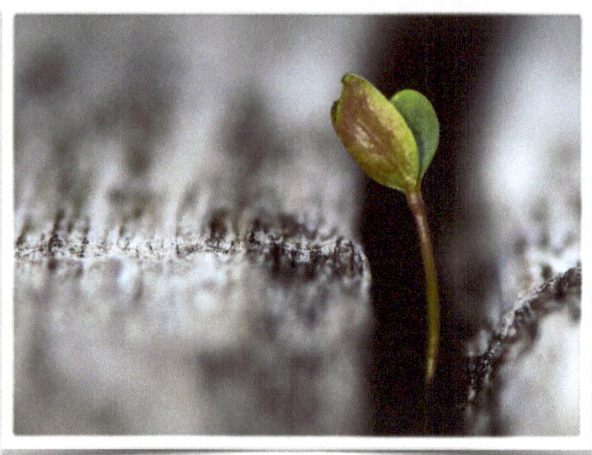

Índice

LookMediaSpain.com

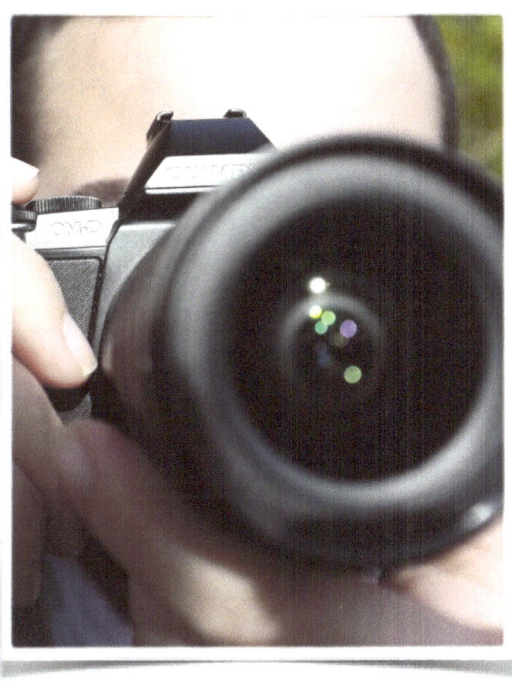

1 La cámara

La cámara, **la principal herramienta del fotógrafo**. Con ella conseguimos captar lo que vemos imprimiendo en el sensor la luz y los colores que nos rodean, gracias a nuestra cámara somos capaces de transmitir la sensación y la esencia de lo que estamos viviendo.

En el mercado tenemos disponibles infinidad de marcas y modelos que se adaptan mejor o peor a nuestras necesidades. Muchas veces tanta oferta nos abruma y distrae para hacer que prestemos más atención a las características presentadas como novedades. **Puro marketing**.

La realidad es que para hacer fotografías solo se necesita una cámara con su sensor o película fotosensible en el caso de las analógicas. Pero una vez que nos tomamos más en serio la fotografía vamos a necesitar un control de la imagen, y para ello vamos a necesitar una cámara con controles manuales. Estos controles manuales nos los ofrece hoy en día prácticamente cualquier cámara a partir de las compactas dejando de lado las más básicas. Con esto no quiero decir que para trabajos determinados no necesitemos características determinadas en nuestra cámara, pero todo eso ya llegara, lo primero es aprender fotografía y sobre todo algo muy importante, **practicar**.

Dentro del concepto cámara debemos tener claros algunos conceptos más como son: **modos, objetivo, sensor, ISO, velocidad de obturación y apertura de diafragma.**

1.1 Modos:

Los modos de disparo son las opciones de las que dispone nuestra cámara para realizar fotografías. Tenemos a nuestra disposición una variedad de modos dependiendo de la marca y/o modelo de nuestra cámara.

1.1.1 **Automático:** Poco podemos aprender de este modo, la cámara lo hace todo. Algunas cámaras lo hacen mejor y otras peor. **No recomiendo.**

1.1.2 **Automáticos pre-programado:** La cámara tiene unos programas propios, con parámetros establecidos por el fabricante para cada tipo de fotografía, como deporte, nocturna, paisaje, retrato. Las hay con más o menos programas dependiendo de la cámara. **No lo recomiendo.**

1.1.3 **Semi-automático:** La cámara tiene dos modos semiautomáticos con los que tendremos casi un total control de esta. Con los que nos facilitara el trabajo bastante en la mayoría de ocasiones. Dentro de estos encontramos los modos de prioridad a la velocidad de exposición y prioridad a la apertura como aprenderemos a continuación.

1.1.4 **Prioridad al tiempo de exposición**: El modo de prioridad a la exposición nos brinda la posibilidad de controlar el tiempo que el sensor esta expuesto a la luz, y lo hace a través del obturador indicándole cuanto tiempo debe mantenerse abierto. Con este modo la cámara decidirá la apertura necesaria para que la fotografía quede bien expuesta. **Totalmente recomendado.**

1.1.5 **Prioridad a la apertura**: Este otro modo de exposición semiautomático nos permitirá controlar la cantidad y forma en la que la luz llega al sensor. Trataré de hacer un símil, imaginemos una sabana negra totalmente opaca sobre nosotros, si hacemos un pequeño agujero en ella entrará un poco de luz, cuanto más ampliemos el agujero más luz tendremos. **Totalmente recomendado.**

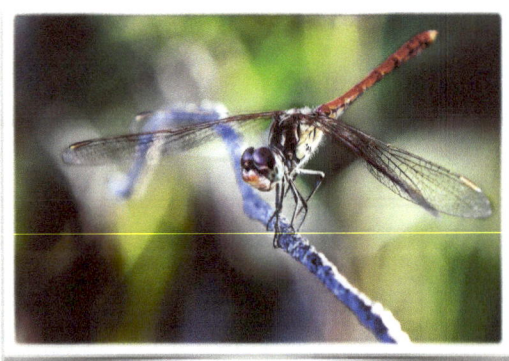

1.1.6 **Manual:** Este es el modo en el que de verdad tienes el control, todo lo que caracteriza a una fotografía lo definiremos en este modo, sin dejar nada al azar o al criterio de una maquina sin sentidos, incapaz de sentir el ambiente, el olor, incluso la luz de una parte concreta de lo que queremos captar. En este modo nosotros somos quien decidimos hasta donde llegara nuestra fotografía. **De uso obligatorio durante el aprendizaje.**

1.2 El objetivo:

El objetivo de una cámara fotográfica es una serie de lentes dispuestas en un orden concreto y con unas características definidas por el fabricante dando así unas prestaciones concretas dependiendo del tipo de fotografía al que esta orientado y como no al mercado al que va orientado. Vamos a aprender este tema centrandonos básicamente en los objetivos de cámaras con la posibilidad de intercambiar estos.

Dentro del objetivo entra en juego el concepto de la apertura ya que es en este donde se encuentra el diafragma, con el cual controlaremos la apertura haciendo llegar más o menos luz al sensor.

Referente al objetivo debemos saber que existen diferentes rangos (distancia focal) dependiendo de la fotografía que estemos buscando, en que debemos destacar el **gran angular, teleobjetivo corto y teleobjetivo largo,** con los que daremos a nuestras fotografías unas características concretas relacionadas con el tipo de objetivo utilizado.

Por ejemplo con el **gran angular** podemos conseguir abarcar gran parte de la escena, cuanto más angular más capacidad para captar lo que nos rodea amén de "ganar" defectos en la imagen como pueden ser deformaciones y aberraciones cromáticas.

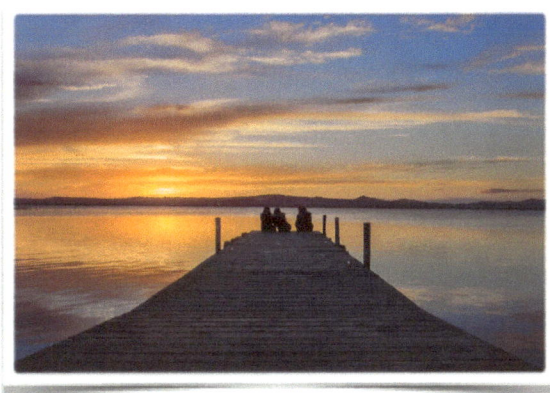

Al otro extremo encontraríamos los **teleobjetivos largos**, pensados para fotografiar motivos alejados de nosotros por cualquier circunstancia que nos impida estar más cerca o simplemente para dar el efecto a la fotografía de estar más comprimido ganando ahora si al desaparecer gran parte de las deformaciones y añadiendo algunos efectos compositivos como puede ser la escasa profundidad de campo.

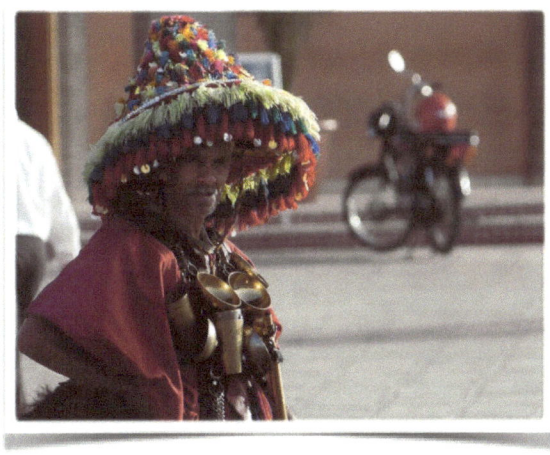

1.2.1 El diafragma

Como pieza fundamental de cualquier objetivo moderno nos encontramos con el **diafragma**. Una pieza mecánica similar al iris humano que tiene su misma función, regular la cantidad de luz que entra al sensor, al igual que el ojo humano con el iris.

Además de su función nos proporciona un elemento compositivo como es la **Profundidad de campo**. Se puede decir a grandes rasgos que cuanta más apertura menos profundidad de campo y a menos apertura más profundidad de campo, aunque la profundidad de campo dada por una apertura varia cuando varia la distancia focal.

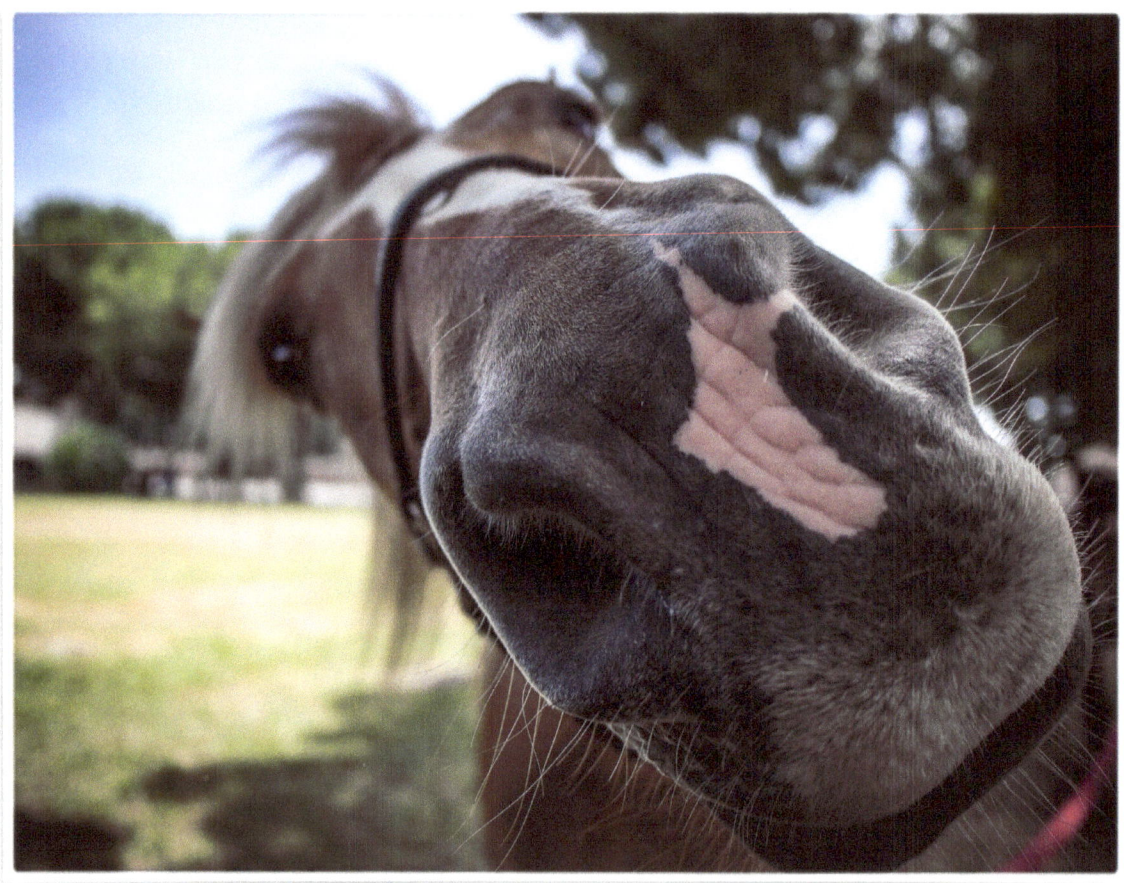

Todo esto nos puede parecer un poco difícil de entender al principio pero se aprende rápidamente teniendo nuestra cámara en modo manual y **practicando** siempre que nos sea posible. Solo cuando llegamos a **comprender** el proceso que conlleva la toma de una fotografía podemos aprovechar todas las opciones a nuestro alcance que nos brinda nuestra cámara.

1.3 El sensor:

El sensor es el responsable de capturar la luz y convertirla en información, se podría decir que seria el sustituto digital de la película analógica. Se ve afectado entre otras cosas por el ISO que coloquemos en la cámara generando más o menos "ruido" dependiendo de su calidad de construcción, tamaño y densidad de pixeles principalmente.

Respecto al tamaño del sensor podemos encontrarnos con sensores de diferentes formatos entre los que esta el formato Cuatro-Tercios, APS-C, Full Frame o 35mm, Formato Medio, Gran Formato, etc. Estos formatos no son todos los que existen pero si los más utilizados.

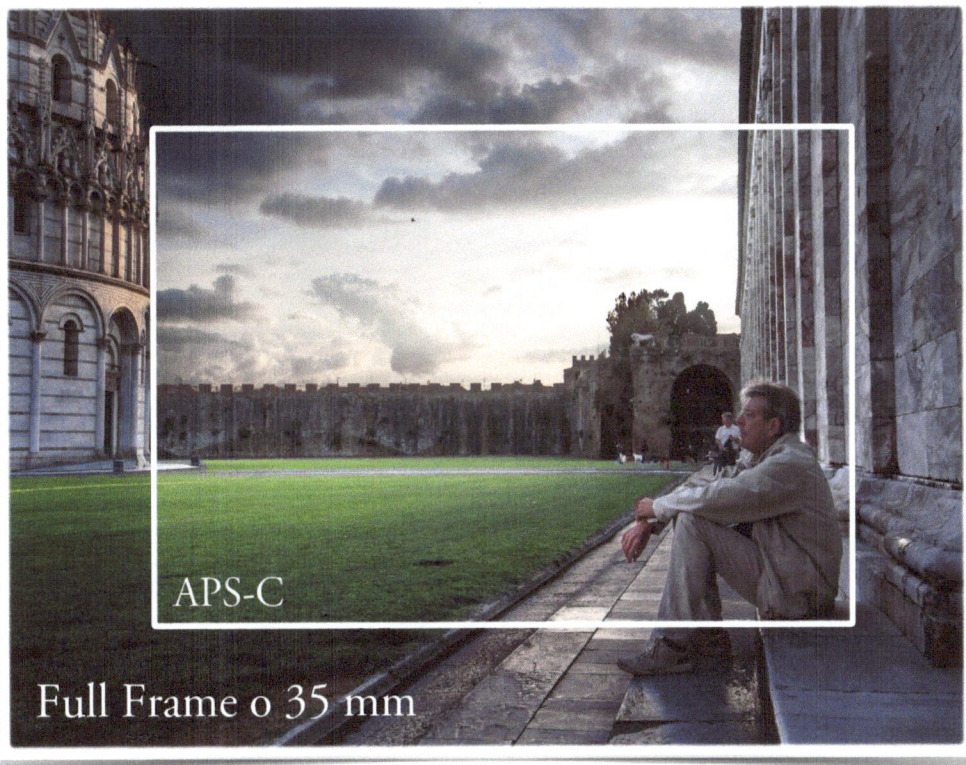

En esta foto se puede ver una simulación de como seria tomada con distintos sensores a igualdad de distancia focal.

1.3.1 ISO

El **ISO** es un concepto importante dentro de **Sensor** porque afecta directamente a la calidad de la fotografía impresa en el y a la cantidad de luz que recibe. Generado a **ISOS** elevados ruido digital.

Es el numero que indica la sensibilidad a la que nuestro sensor esta tomando la fotografía y por tanto lo sensible a la luz que es en ese momento. Por lo tanto es aconsejable tomar siempre las fotografías al menor **ISO** que nos permita nuestra cámara y la fotografía que vamos a tomar. Evitando así defectos en la imagen como el grano digital, la perdida de saturación y contraste e incluso definición.

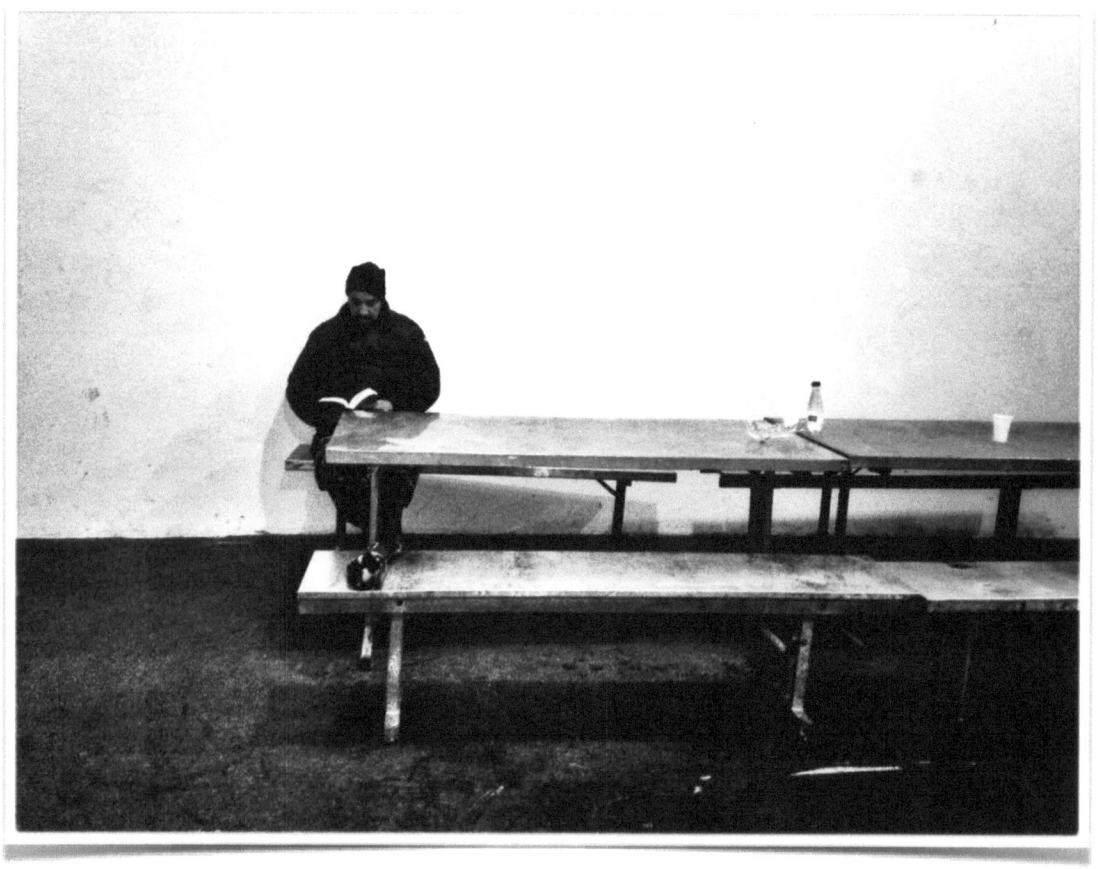

El grano digital o ruido digital también puede ser usado como elemento compositivo dando un efecto dramático a la imagen.

1.4 El obturador

El obturador lo encontramos situado entre el diafragma y el sensor. En algunas cámaras antiguas se encontraba en el objetivo, pero prácticamente todas las cámaras modernas lo tienen en el cuerpo. Gracias al obturador podemos controlar el tiempo de exposición o lo que es lo mismo el tiempo en el que esta entrando luz al sensor.

1/15 significa que entra luz al sensor durante una quinceava parte de segundo y 1/2 significa que entra luz al sensor durante medio segundo, por lo que deducimos que con un numero mayor entra luz menos tiempo y la fotografía será más oscura o "subexpuesta".

Se puede aprovechar una velocidad de obturación alta para fotografía de alta velocidad, deporte, naturaleza o cualquier fotografía en la que queremos congelar el movimiento.

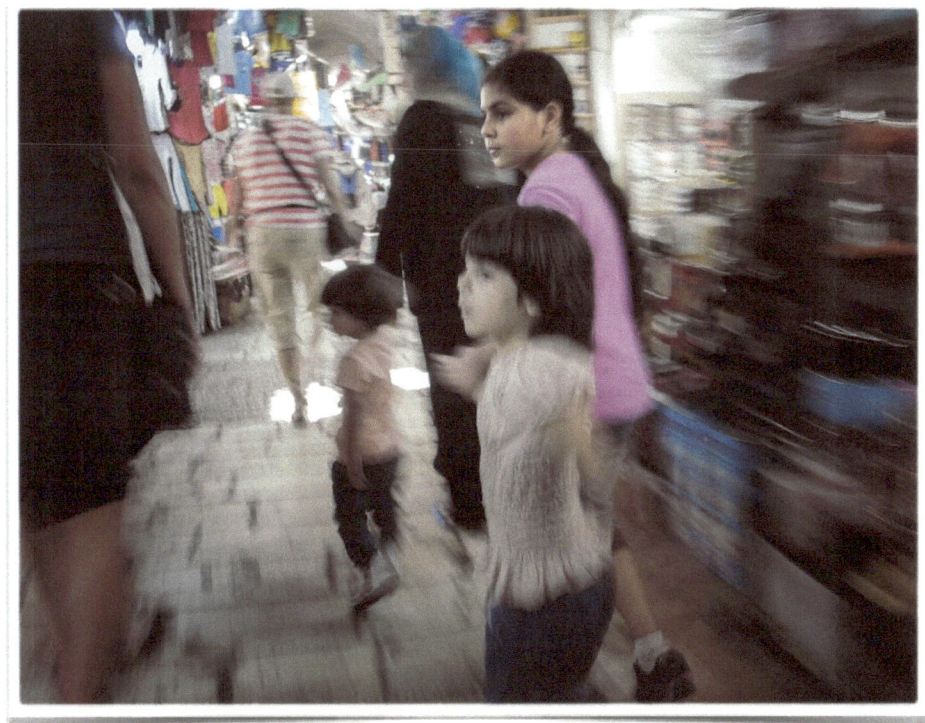

Como siempre podemos aprovechar la configuración de una fotografía como elemento compositivo creando esa sensación de movimiento que vivías en el momento de tomarla.

No afecta a la calidad de imagen en principio, aunque puede producir a una velocidad lo suficientemente baja un efecto llamado "trepidación" que dependerá a parte de la velocidad de obturación, del pulso del fotógrafo y de la distancia focal utilizada.

2 Tomando una fotografía

En este tema vamos a ver el proceso de tomar una fotografía. Solo vamos a tratar unos conceptos básicos a tener en cuenta a la hora de la toma de fotografías para ver el flujo de trabajo a seguir en los inicios fotográficos. En el aprendizaje de la fotografía es muy recomendable tomar las fotografías en modo "**Manual**", así conseguiremos entender que hace la cámara para conseguir tener la fotografía que tenemos en mente. Trataremos conceptos como **exposición**, **enfoque** y **composición.**

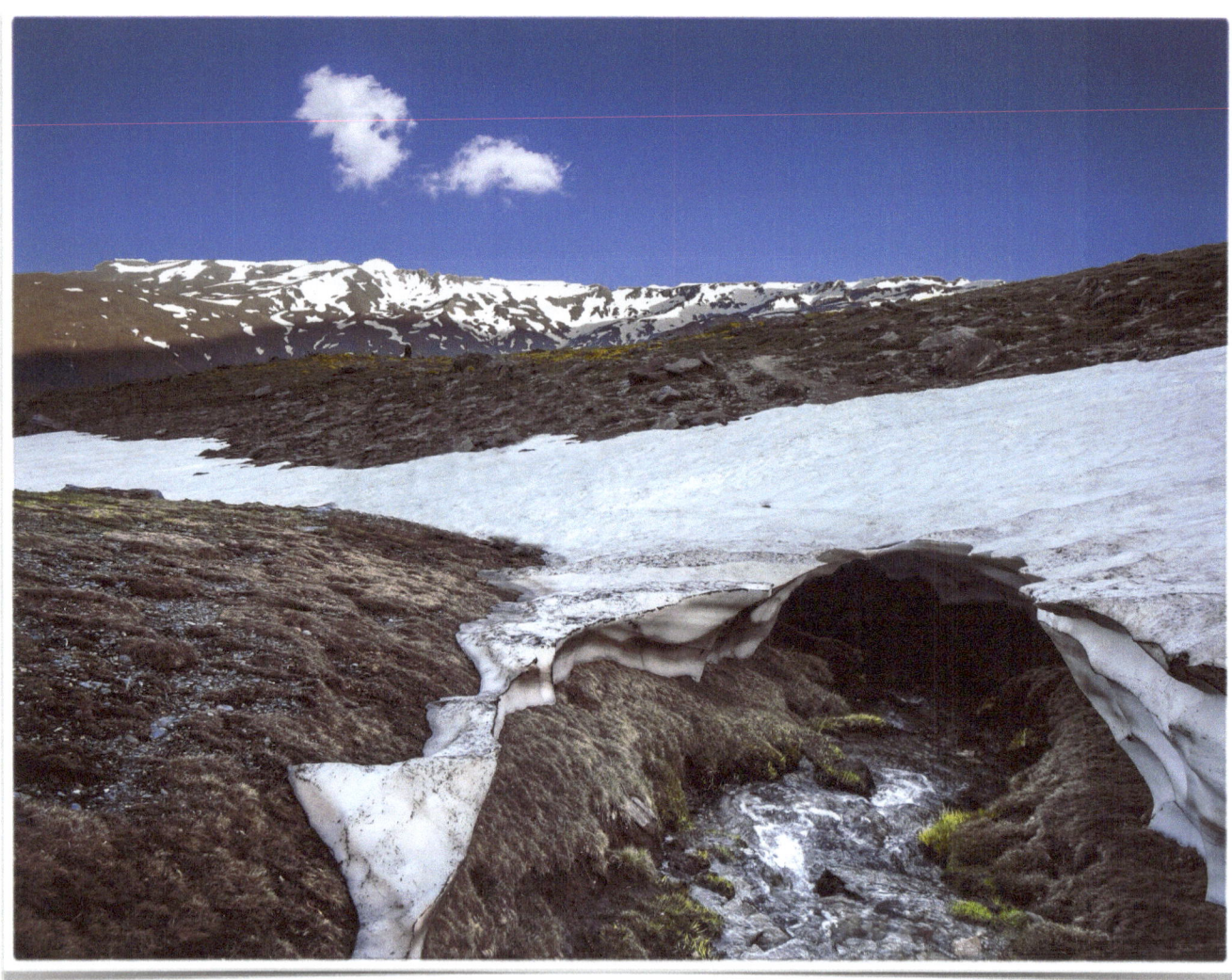

2.1 Exposición

El concepto de **exposición** trata de explicar y ordenar el proceso a seguir para conseguir que nuestra fotografía este bien expuesta, o lo que es lo mismo que tenga los niveles de luces y sombras correctos para que la fotografía pueda verse correctamente. La exposición también puede utilizarse como elemento compositivo si lo creemos conveniente para crear lo que tenemos en mente.

Para conseguir la composición correcta disponemos de tres ajustes en nuestra cámara con los que jugaremos para conseguir dar a nuestra fotografía las características que buscamos. **La velocidad de exposición**, **la apertura** y **el ISO**.

Además encontraremos el **exposímetro**. Gracias a el veremos en cada momento el nivel de exposición que tiene nuestra fotografía y nos indicará el nivel de sub- o sobre- exposición que tenemos. Lo encontraremos al mirar a través del visor.

$$2 \blacksquare \blacksquare 1 \blacksquare \blacksquare \blacktriangledown \blacksquare \blacksquare 1 \blacksquare \pm 2$$

El proceso de la toma a grandes rasgos seria el siguiente:

1. Medir la **exposición** correcta en el punto más luminoso de la fotografía.

2. Ajustar la **velocidad** de modo que sea lo suficientemente alta para que no afecte a la estabilidad de la fotografía.

3. Ajustar la **apertura** según el efecto que queramos conseguir.

4. Ajustar el **ISO** al mínimo posible consiguiendo una exposición correcta.

2.2 Enfoque

El concepto de **enfoque** comprende el proceso a seguir para conseguir una fotografía nítida en el punto en el que hemos elegido. No es lo mismo una fotografía de paisaje que un retrato en términos de enfoque.

El proceso a seguir seria el siguiente:

1. Decidir que tipo de fotografía vamos a tomar, y elegir que punto queremos tener enfocado.

2. Para enfoque automático colocar el punto de enfoque principal sobre el objeto a enfocar, presionar el disparador hasta la mitad y re-encuadrar una vez enfocado. Si estamos tomando fotografías con tiempo es preferible el enfoque manual para el cual no necesitaremos re-encuadrar.

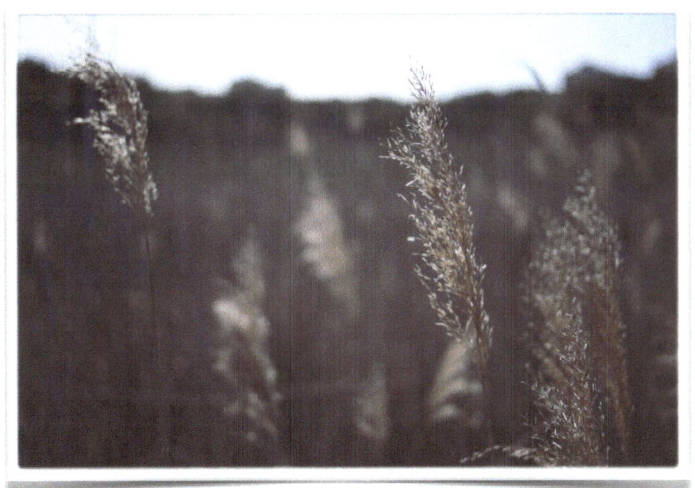

2.3 Composición

El concepto de **composición** engloba un conjunto de técnicas con las que conseguiremos centrar la atención del espectador donde queremos en nuestra fotografía, atrapar al espectador o trasmitir lo que sentimos tomándola.

Existen muchísimas técnicas de composición, no vamos a enumerarlas todas por que es tema para un curso por si solo, pero vamos a hablar de la primera que se aprende, una regla básica que funciona muy bien con gran parte de las fotografías. Esta regla es **la regla de los tercios**.

La regla de los tercios consiste en dividir la imagen en 6 partes creando 4 lineas imaginarias, una vez identificadas las lineas nos fijaremos en las intersecciones de estas y es aquí donde generalmente colocaremos uno o varios de los puntos de interés de nuestra fotografía reforzando así la importancia del elemento principal.

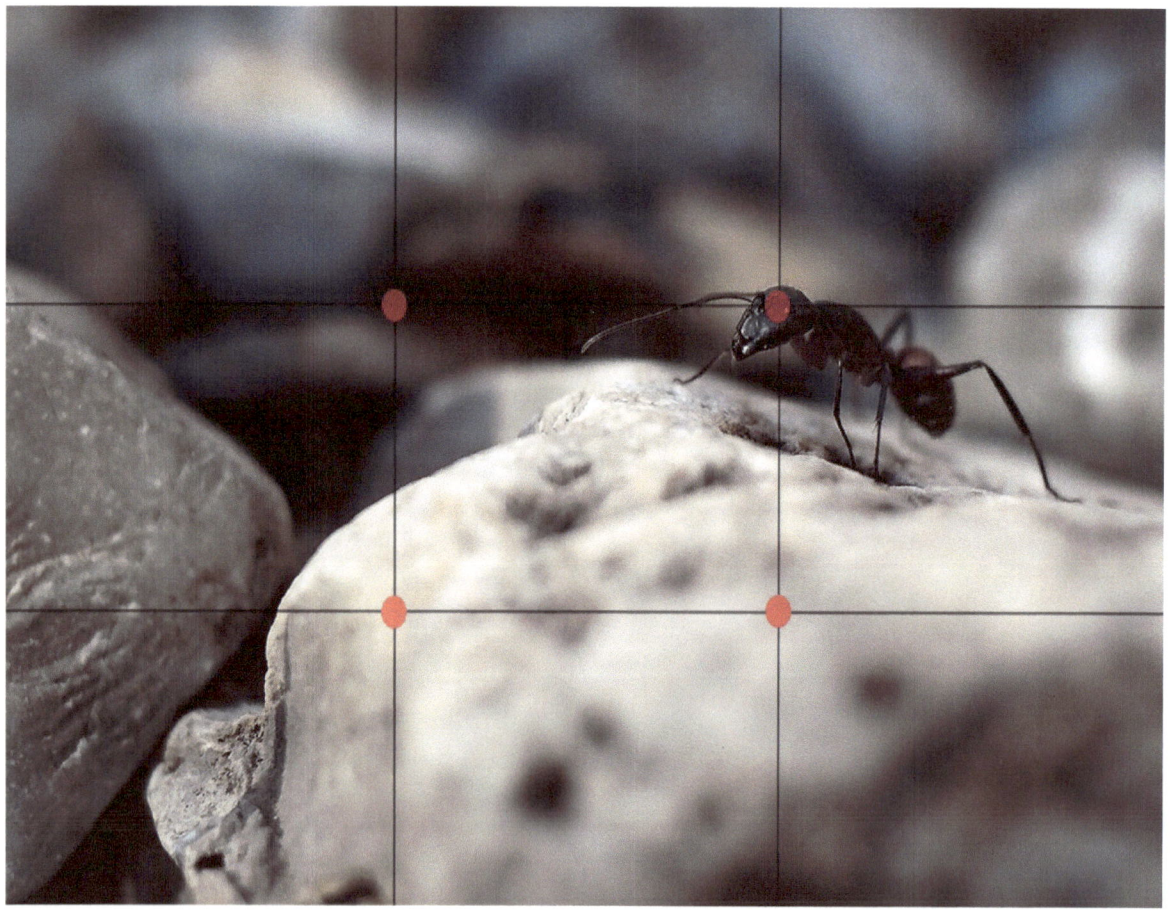

3 Modalidades fotográficas

Dentro de las modalidades fotográficas podemos encontrar todo tipo de fotografías, como por ejemplo la fotografía de **Street, Paisaje, Deporte, Naturaleza, Moda, Arquitectura, Nocturna, etc.** Hay un largo etcétera pero vamos a centrarnos en las primeras que suelen llamar nuestra atención.

Aprenderemos algunas de las características de cada modalidad fotográfica para intentar definir nuestro **estilo fotográfico**, ayudando a centrar nuestros esfuerzos de **aprendizaje** a la modalidad más significativa para nosotros, con la que más nos sentimos identificados o con la que mejor nos expresamos.

No tiene nada de malo elegir varias o incluso todas las modalidades ya que con cada una de ellas aprenderemos técnicas validas para otros tipos de fotografía y que nos ayudarán a crear un trabajo con más **personalidad** adaptando las diferentes técnicas a nuestras necesidades. Pero si creo necesario abarcarlas una a una por separado para centrarse en las características de cada modalidad.

La modalidad elegida tendrá mucho que ver con la personalidad del fotógrafo ya que esta transmitirá no solo lo que ve, sino también como lo ve. La forma en que percibe las acciones que ocurren a su alrededor y el sentimiento que le provocan.

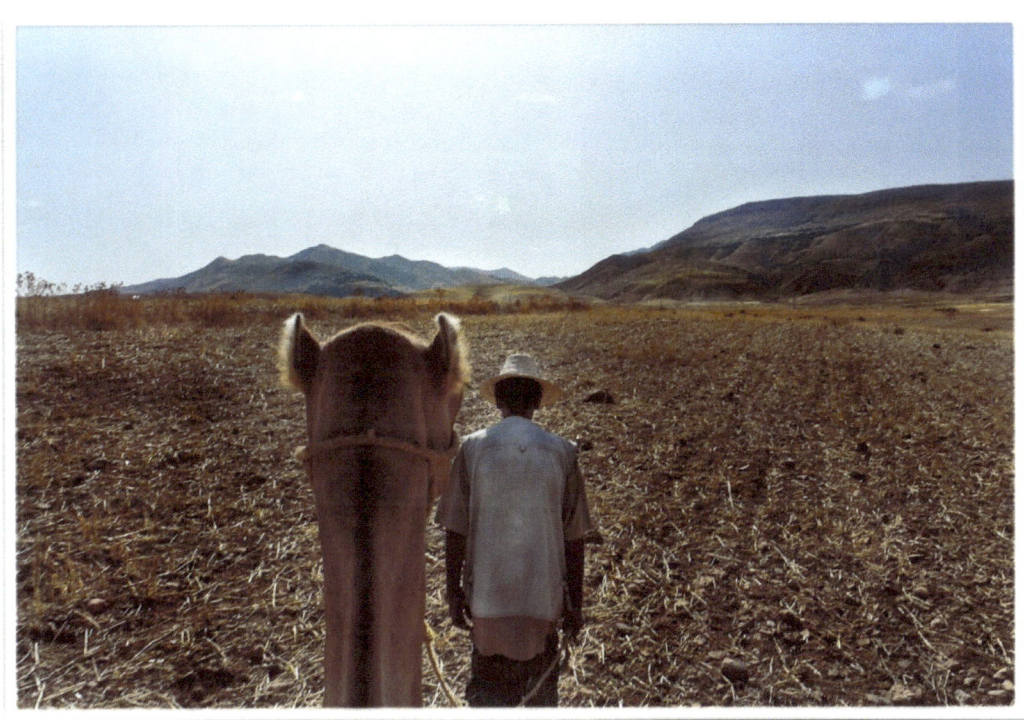

3.1 Street

La modalidad **Street** o **Fotografía callejera**, es un tipo de fotografía en el que intentamos retratar el mundo a nuestro alrededor principalmente en las calles aunque se extiende a todos los lugares donde se mueven las personas. La fotografía de **Street** está muy influenciada por la manera en el que el fotógrafo ve el mundo a su alrededor, en la que puede llegar a plasmar sus sentimientos a través de la composición.

Es un tipo de fotografía muy personal, normalmente muy individual, y a la que se empieza a dominar después de mucha practica. Normalmente la fotografía **Street** requiere tener conocimientos en el manejo completamente manual de la cámara ya que el mundo se mueve muy rápido cuando miramos a través del visor. Necesitamos tener controlado el enfoque y la exposición en todo momento anticipándonos al movimiento que hay delante de nosotros.

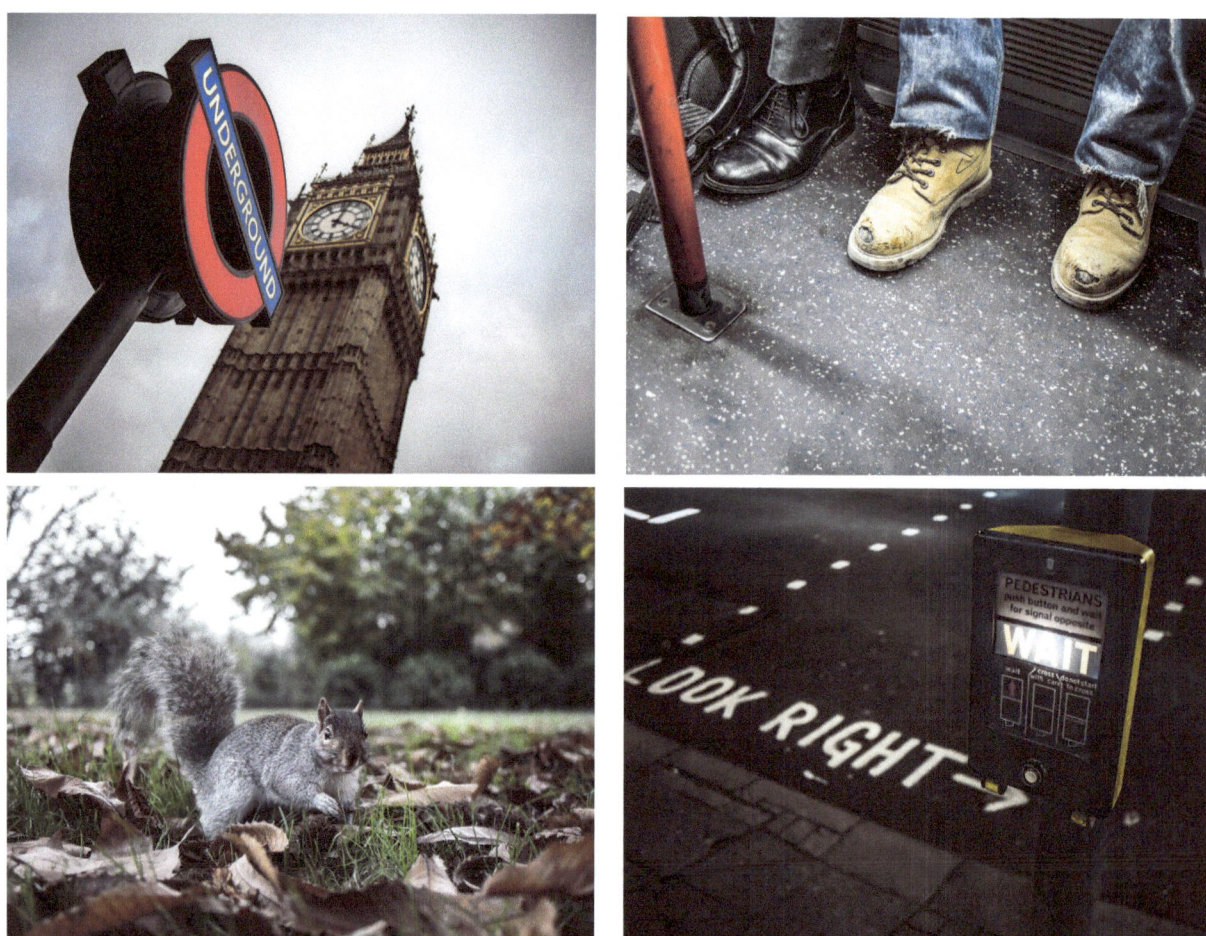

3.2 Paisaje

La fotografía de **paisaje** nos lleva hasta lugares alrededor de todo el mundo, lugares mágicos, secretos, o simplemente lugares vistos desde los ojos de un fotógrafo con una mirada diferente. Es importante conseguir una técnica depurada y conocer todas las características que dan valor a una fotografía de paisaje.

Es importante tener claros conceptos como la **profundidad de campo**, **distancia hiperfocal**, y el **rango dinámico.**

-**Profundidad de campo** es importante para dar profundidad a nuestra fotografía conociendo de antemano cuanta parte de la fotografía va a estar enfocada.

-**Distancia hiperfocal** da para un tema por si solo, aun así es importante saber que la distancia hiperfocal se refiere al punto en el que al enfocar en el conseguiremos el máximo rango enfocado por delante y por detrás de dicho punto. Gracias a enfocar en el punto hiperfocal se consiguen unos paisajes nítidos en todo el rango de la imagen. Para facilitarnos estos cálculos existen aplicaciones móviles realmente fáciles de utilizan en las que simplemente introduciendo unos datos de la toma nos indicara el punto hiperfocal. La APP "DOF CALC" es una de ellas.

-**Rango dinámico** se refiere a la cantidad de información en luces y sombras que nuestra cámara es capaz de captar, y es importante en la fotografía de paisaje por el hecho de que el cielo siempre tiene mucha más luz que la tierra o el mar, con lo cual habrá una gran diferencia de rango dinámico y será difícil captar toda la información. Para ayudarnos en esta tarea podemos utilizar filtros de densidad neutra, filtros graduados, etc. Hay una gran cantidad de filtros para este tipo de fotografía y los veremos en el curso especifico de fotografía de paisaje.

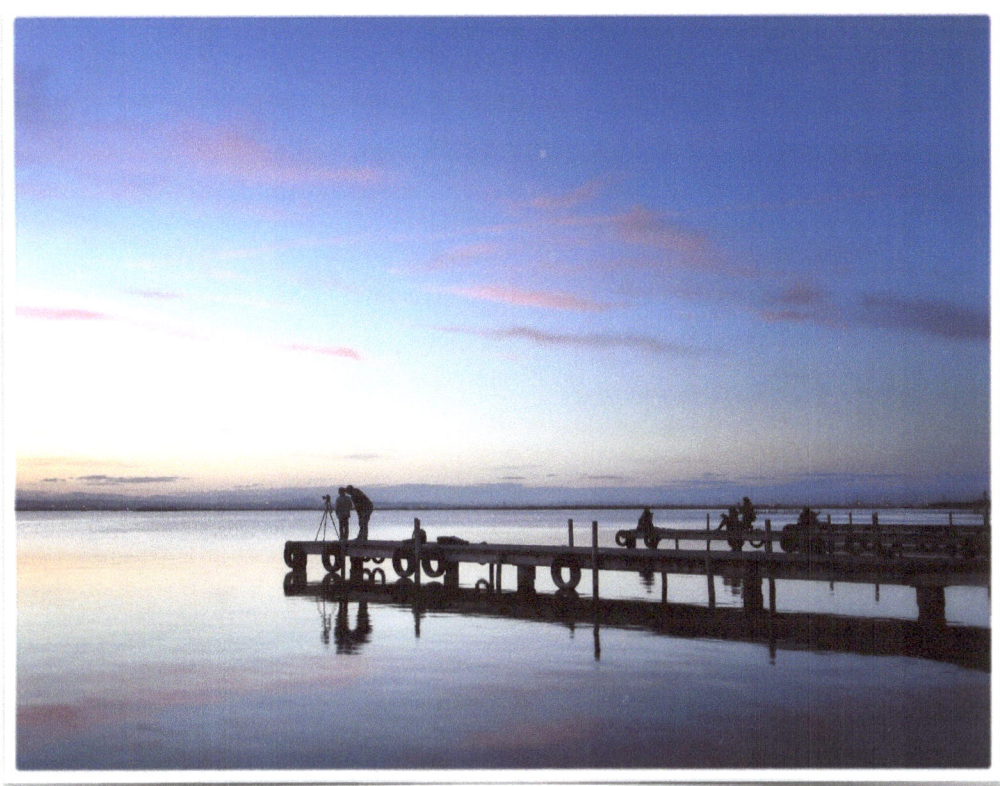

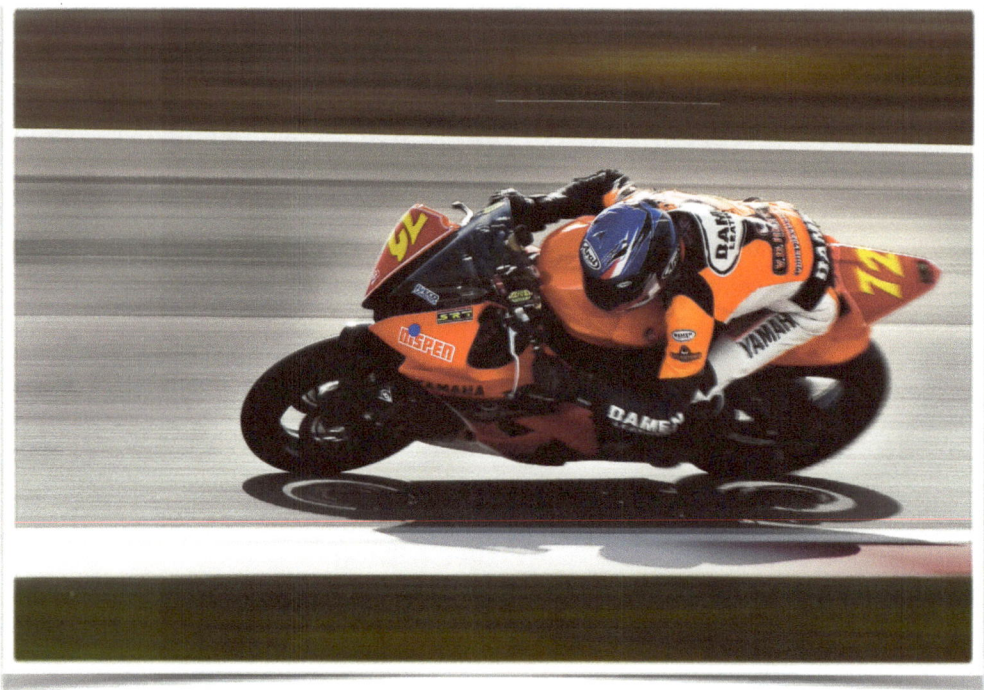

3.3 Deporte

La fotografía de **deporte** como todas las modalidades fotográficas necesita de conocimientos sobre la cámara y composición, con el añadido del hecho de que la fotografía de **deporte** es exigente con las características de nuestro equipo. Para realizar este tipo de fotografía necesitaremos una cámara rápida, enfocando y disparando en ráfaga. En la fotografía de **deporte** la acción ocurre realmente rápido, por lo que necesitaremos utilizar una velocidad de obturación alta para congelar el movimiento. Esto lo conseguiremos con objetivos con una buena apertura (F2.8 normalmente) para tener más luz entrando a la cámara y no tener que subir el **ISO.**

Otro de los elementos del equipo necesarios para todo fotógrafo de deporte es un objetivo con una **distancia focal larga,** ya que muchas veces no podemos estar cerca de la acción cuando fotografiamos eventos deportivos (circuitos, estadios, velódromos, etc). Aún así cuanto más cerca nos encontremos de la acción mejor calidad obtendremos de nuestro equipo.

Hay una gran cantidad de accesorios que nos ayudarán a mejorar la calidad de nuestras fotografías. Entre ellos podemos destacar el **mono-pie**, un accesorio imprescindible si utilizamos un objetivo con una focal larga y no dispone de estabilizador que nos ayudara a estabilizar las fotografías evitando la trepidación y permitiendo utilizar **velocidades de obturación** mas bajas

3.4 Naturaleza

La fotografía de **naturaleza** técnicamente es muy parecida a la fotografía de deporte en lo que fotografiar a animales se refiere, con el añadido de la necesidad de tener algunos conocimientos sobre la biología de los animales que vamos a fotografiar para conseguir acercarnos lo suficientemente a ellos sin alterar su hábitat natural y así causar el menor daño posible al animal.

La fotografía de **naturaleza** comprende muchas sub-modalidades fotográficas en las que se podría englobar el **paisaje**, **naturaleza muerta**, **macrofotografía**, fotografía **documental,** y todo aquello que tiene que ver con el medio natural.

Centrándonos en la fotografía de animales serán necesarios accesorios genéricos para fotografía como **flash, trípode, filtros,** por nombrar algunos de ellos, y accesorios específicos como puede ser un **hide** o escondite, ropa adecuada para la montaña o el medio natural en el que nos encontremos, y un sin fin de accesorios tecnológicos que nos facilitaran la tarea de captar la vida animal.

Es importante conocer el medio en el que nos vamos a mover porque puede evitarnos más de un susto. Es un tipo de fotografía muy exigente, mucho más de lo que parece en principio y requiere de mucha dedicación y tiempo, a pesar ello nos aporta una gran satisfacción con todo el proceso y el resultado final.

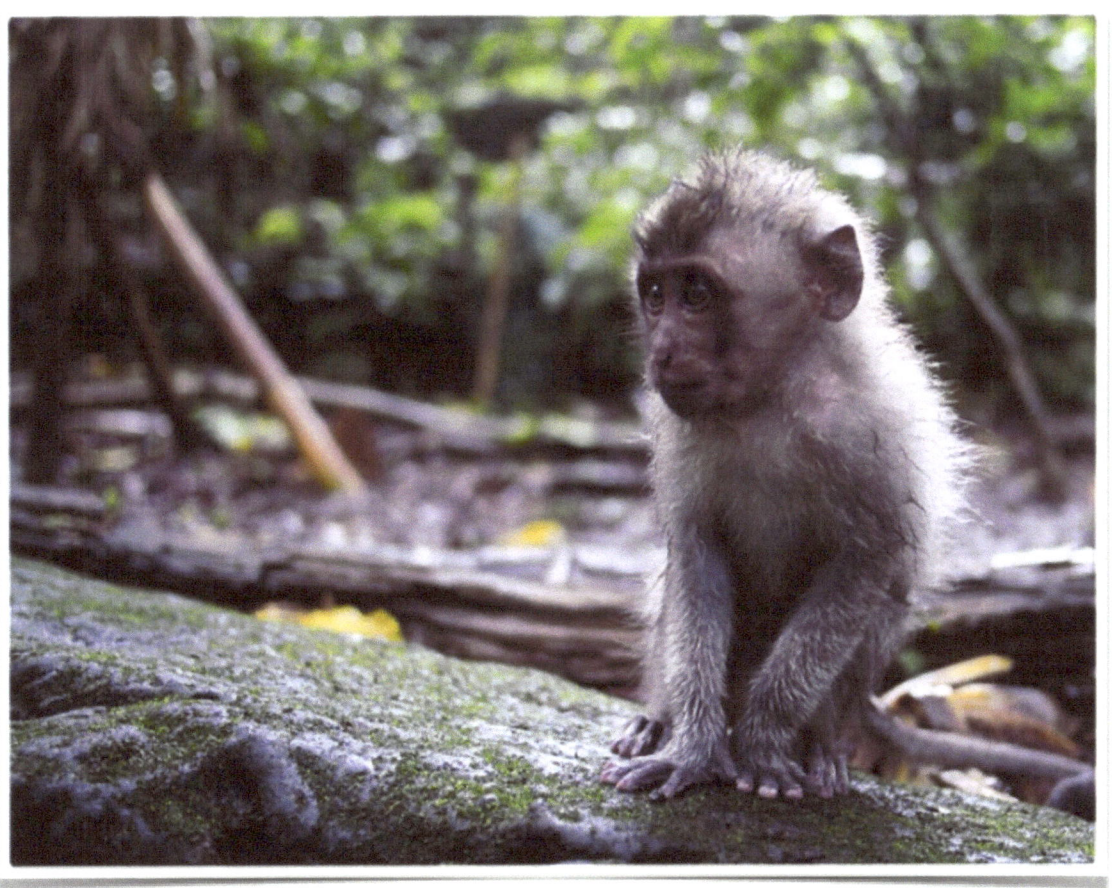

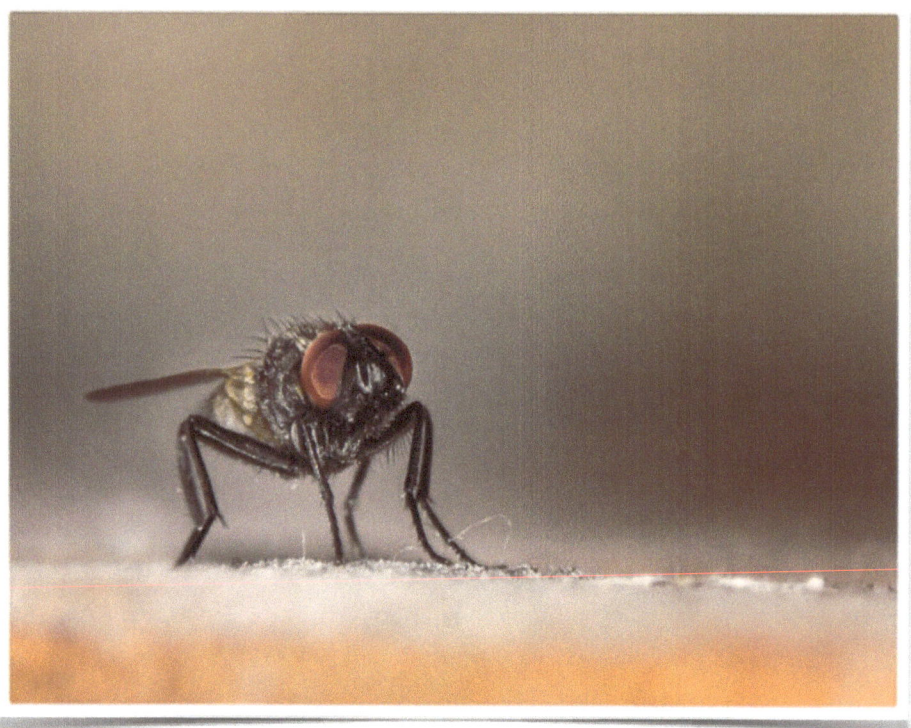

3.5 Macro

La fotografía **macro** estaría englobada dentro de la modalidad de fotografía de **naturaleza,** siendo el macro un tipo de fotografía especifica que se centra en fotografiar lo más pequeño mostrando los detalles que se ocultan a simple vista.

 La fotografía **macro** es un mundo apasionante y muy técnico en el que necesitamos de un equipo especifico para poder realizarlo, existen infinidad de accesorios para ayudarnos en el proceso de tomar fotografías **macro** entre los que podemos encontrar los **anillos de extensión** que nos ayudarán a enfocar más cerca, el flash ya sea un flash normal o uno más especifico para este tipo de fotografía como seria el denominado **ring-flash**. Ayuda mucho para algunas modalidades dentro de la fotografía **macro** disponer de un trípode para estabilizar las tomas e incluso un plato micrometrico para realizar una técnica llamada apilado para conseguir una mayor **profundidad de campo**.

La **profundidad de campo** en la fotografía macro es critica llegando a ser menor a 1mm, de ello dependerá del grado de ampliación que necesitemos para lograr nuestro objetivo.

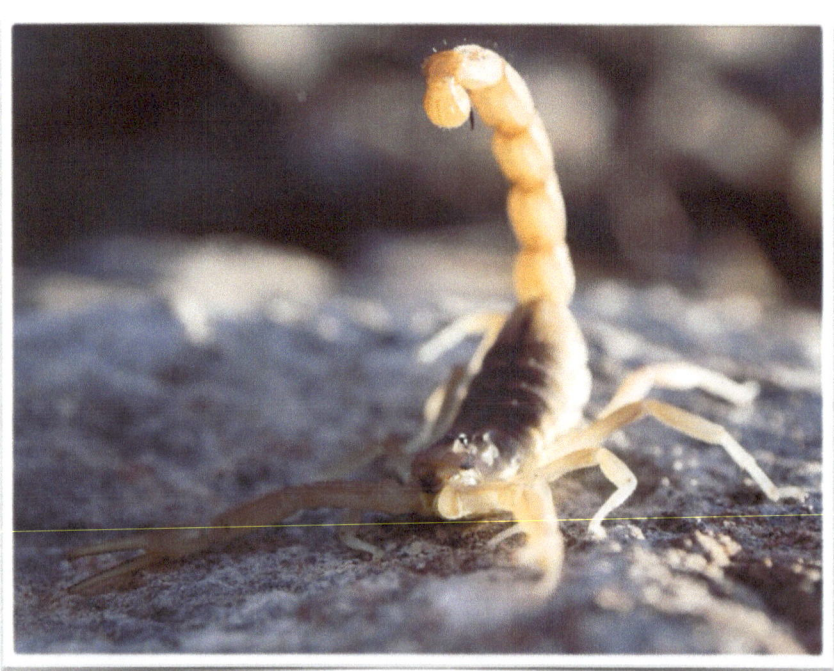

Uno de los pequeños secretos de la **macro-fotografía** de insectos es fotografiarlos en las primeras horas de la mañana cuando aun están inactivos por el frío, gracias a esto podemos fotografiarlos e iluminarlos sin demasiado problema consiguiendo así unas imágenes muy buenas sin alterar a los animales. Algo que realizan muchos fotógrafos es capturar a los insectos para congelarlos y así fotografiarlos en un estudio con todo controlado, algo realmente poco ético y poco respetuoso con la naturaleza, algo que deberíamos evitar a toda costa si realmente fotografiamos la naturaleza por que la amamos.

3.6 Moda

La fotografía de **moda** es una modalidad fotográfica muy extendida dado que es una de las principales maneras de ganarse la vida con la fotografía. Como todas las modalidades hay que conocer bien el manejo de la cámara aunque la fotografía de **moda** no es tan exigente para empezar a obtener buenos resultados.

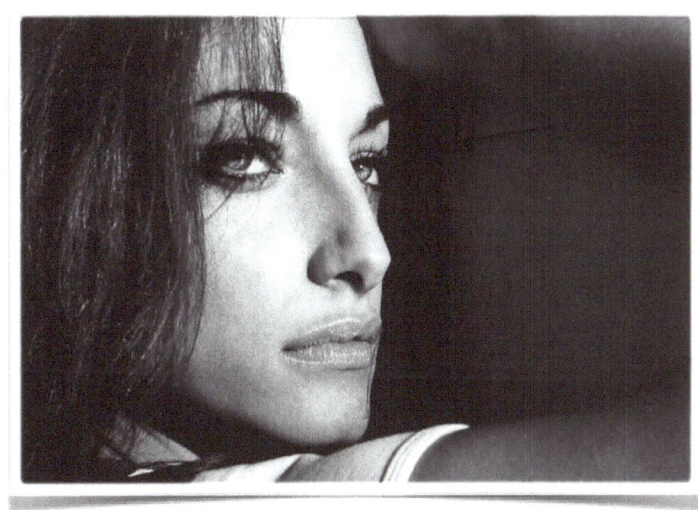

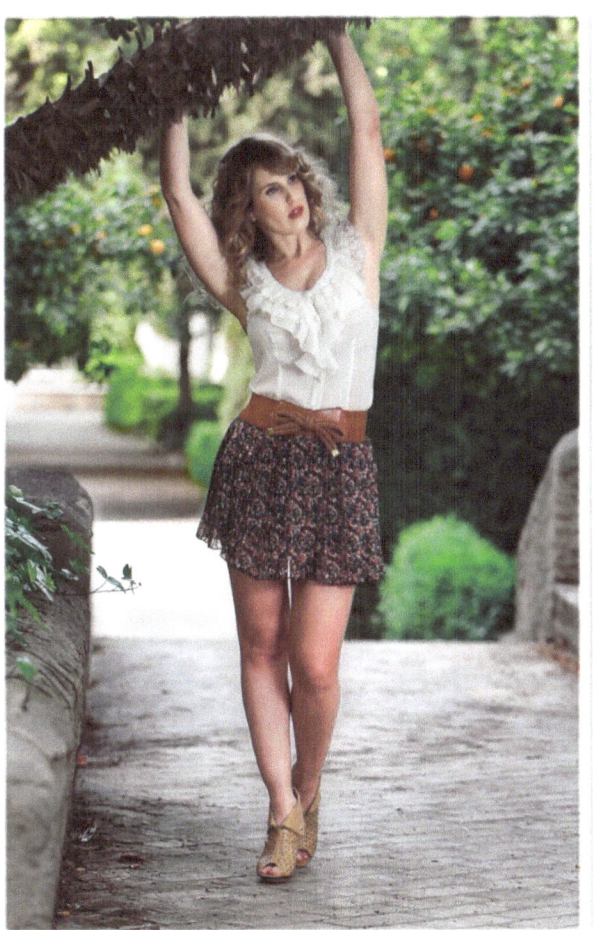

Gran parte de la fotografía de **moda** se basa en la **iluminación**, siendo también otro pilar importante la **composición** y la **creatividad**. Es necesaria mucha **imaginación** para no caer en la monotonía y que nuestros trabajos terminen siendo todos iguales. Hay que estar en contacto con la moda para conocer las tendencias y que le gusta a la gente.

La fotografía de **moda** es una fotografía menos personal y más colaborativa, normalmente en un proyecto trabajan varias personas encargandose cada una de una parte del proyecto.

No son todas las modalidades pero si algunas por las que empezamos la mayoría y con las que podemos **aprender** gran parte de la **técnica** fotográfica para más tarde seguir **investigando, aprendiendo y mejorando.**

4 Edición

La **edición** en fotografía ha pasado a ser uno de los principales pilares técnicos que todo fotógrafo debe dominar para estar a la altura del actual nivel exigido. A modo de moderno procesado fotográfico tal y como se hacia en analógico con el positivado y la edición, ahora disponemos de herramientas realmente potentes y adaptadas a todo tipo de trabajos fotográficos. Uno de los principales nombres que se escuchan en la edición digital es Adobe con sus programas **Photoshop**, **Camera Raw** y **Lightroom**. Existen infinidad de programas que podemos utilizar, gratuitos o de pago aunque desde Adobe nos ofrecen pruebas gratuitas de todas sus versiones descargables desde su pagina web por lo que vale la pena probar lo que en mi opinión es lo mejor en fotografía.

4.1 Formatos (RAW, JPG, TIFF, PNG, PSD...)

En lo que respecta a la edición para mi lo más importante a dejar claro es el tema de los formatos ya que del formato elegido dependerá en gran parte la calidad final de nuestras fotografías. Además de la calidad encontraremos diferencias respecto al "peso" de las fotografías, es decir, el espacio que ocuparan en nuestro disco duro.

Raw: El formato por excelencia, ya que con el vamos a capturar a través de nuestra cámara toda la información que esta es capaz de brindarnos. Mayor rango dinámico, mejor respuesta de color, la posibilidad de ajustar el balance de blancos a nuestro antojo (dentro de unos limites). Otra característica importante de fotografiar en RAW es que no degradamos la imagen con cada edición ya que este archivo no se edita , sino que el programa de edición guarda las instrucciones de dicha edición y así conservamos siempre el original. Este formato seria comparable al negativo analógico., el cual conservamos para siempre y podemos procesar más tarde.

Las desventajas de este formato son pocas, aun así habrá gente que diga que las tiene. Es evidente que este formato "pesará" más que un JPG aunque esto más bien es una ventaja ya que la razón de su "peso" es el hecho de contener mucha más información. También hay gente que descarta este formato por el hecho de ser necesaria siempre una edición para llegar a obtener resultados visuales correctos para enseñar.

Jpg: Este formato es el más utilizado a la hora de compartir imágenes, conocido por prácticamente todo el mundo se podría decir que es el estándar en lo que a fotografía se refiere. Y es evidente que es un buen formato para lo que fue creado, llegar al usuario final. Eso si, una cosa esta clara, no es el mejor formato para la **edición** por muchas razones. Este formato tan extendido comprime la información de la imagen para poder reducir así su "peso" con lo que perdemos tonos y rango dinámico que con otros formatos conservaríamos. Otra de las razones por las que no recomiendo utilizar este formato para editar es que a diferencia del RAW con el JPG cada edición si degrada la imagen haciendo que cada vez perdamos más y más información.

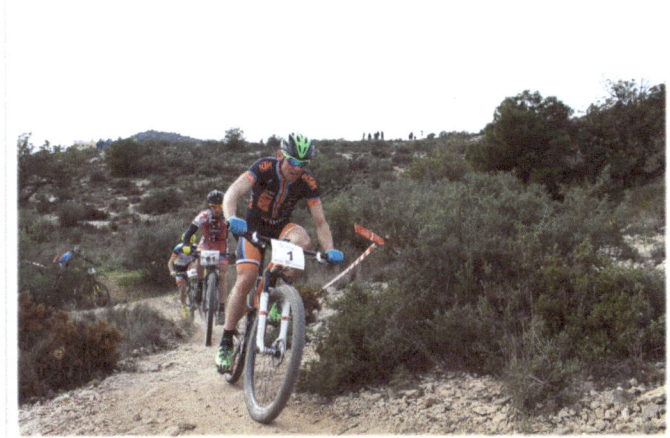 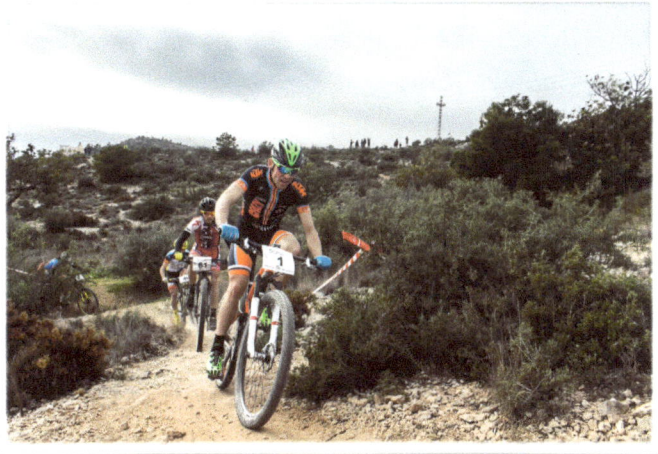

Fotografía RAW antes y después de procesar

Tiff y Psd: Estos formatos se caracterizan por guardar la configuración de las "capas" utilizadas en la edición. Son formatos para guardar los archivos mientras trabajamos con ellos para poder así editar las imágenes sin degradarlas aplicando o eliminado todos los efectos que consideremos. Una característica muy importante a tener en cuenta con estos archivos es el gran "peso" que tienen multiplicando por **10** muchas veces el tamaño de nuestros archivos dependiendo de cuantas capas utilicemos. Es por esto que no son formatos para almacenar nuestros archivos y solamente los utilizaremos mientras trabajamos en nuestras fotografías.

Png: Este formato no es muy utilizado en fotografía como tal, pero ya que si es utilizado en el diseño web quiero explicar a grandes rasgos su característica principal y por la cual es utilizado. El formato PNG mantiene las transparencias, lo que significa que si tenemos una imagen con un fondo transparente seguirá siendo así al guardarlo en este formato. Es muy utilizado en la creación de logotipos e imagenes corporativas.

LookMediaSpain   LookMediaSpain

Diferencia entre PNG y JPG

Uno de los mejores consejos que leí cuando empezaba en esto de la fotografía fue hacer todas mis fotos en **Raw.** Más tarde si necesitabas los jpg puedes obtenerlos fácilmente pero disparando siempre en **Raw** te aseguras de tener siempre la mejor calidad que te ofrece tu cámara.

4.2 Revelado

Si hacemos caso a aquel gran consejo atravesaremos inevitablemente por el procesado o revelado de los archivos **Raw**. Para este proceso Adobe nos ofrece una aplicación dentro de Photoshop realmente potente, **Camera Raw.**

En **Camera Raw** encontraremos muchas opciones, pero en este curso me centrare en las más básicas que a su vez son las que prácticamente siempre necesitaremos ajustar para tener una buena imagen de partida en la edición. Además veremos algunas herramientas que nos ofrece este software para facilitarnos el trabajo y con las que necesitaremos familiarizarnos para utilizarlas a partir de ahora.

Para empezar quiero mostraros lo que será nuestra guía en todas las ediciones, el **histograma.**

El **histograma** es una de las herramientas que más utilizaremos, pues nos da información sobre la imagen. Nos informa sobre los limites de luces y sombras que tiene nuestra fotografía, y gracias a el sabremos si nos estamos pasando por algún lado perdiendo así información en las sombras o las altas luces. También nos muestra información sobre los colores y el estado del balance de blancos que veremos variar al actuar sobre las diferentes opciones que nos proporciona el programa. Se dice que una fotografía está bien expuesta cuando no se recorta por ninguno de sus extremos , aunque como siempre podemos aprovechar esos extremos a nuestro favor en lo que a composición se refiere.

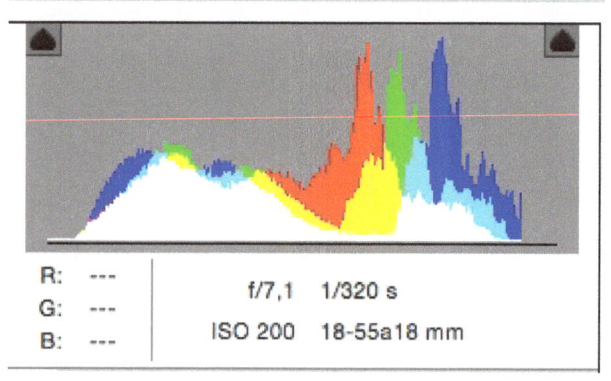

Dentro de las opciones que encontramos en prácticamente cualquier revelador **Raw** nos encontramos con los deslizadores con los que jugaremos hasta obtener los resultados que buscamos ayudándonos también del **histograma**.

Los dos primeros en este caso **temperatura** y **matiz** corresponden al balance de blancos. Con ellos conseguiremos ajustar de forma precisa la tonalidad general de nuestra imagen ya sea "enfriándola" o haciéndola más "cálida" a través del deslizador de **temperatura**.

El deslizador de **matiz** nos ayuda a ajustar con precisión y corregir defectos en el color entre el verde y el magenta.

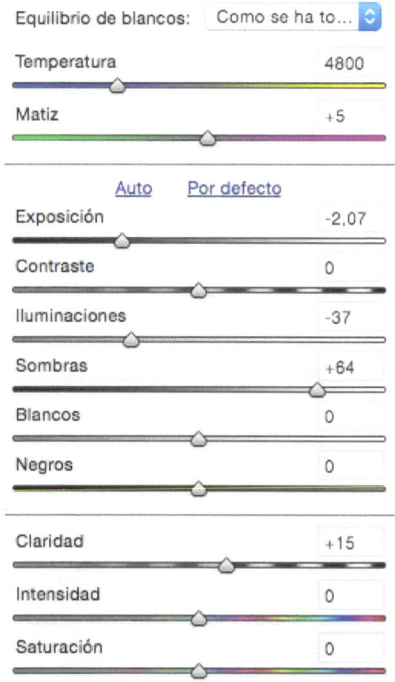

En el apartado de la edición correspondiente al **detalle** de la imagen encontramos la sección de **enfoque**, con la que ajustaremos los deslizadores hasta encontrar el ajuste que mejor se adapta a nuestra fotografía y **reducción de ruido** con el que corregiremos aquel ruido digital que ya vimos en el tema "**1.3.1 ISO**" que en la mayoría de ocasiones empeora la calidad final de nuestra fotografía y que normalmente buscamos evitar.

Con una **edición** equilibrada ajustando estos valores conseguiremos una imagen definida y a la vez que limpia de ruido digital con la que seguir trabajando hasta alcanzar nuestro propósito en la fotografía.

Estas son solo unas pocas y simples herramientas básicas dentro de un software de revelado, este tipo de programas son muy potentes y vale la pena aprovecharlos

Enfoque	
Cantidad	25
Radio	1,0
Detalle	25
Máscara	0

Reducción de ruido	
Luminancia	0
Detalle de luminancia	
Contraste de luminancia	
Color	25
Detalle de color	50
Suavidad del color	50

Por ultimo en lo que respecta al revelado me gustaría dejar claro que no hay que tener miedo en absoluto a al revelado **Raw**, y que no es más un paso a introducir en nuestro flujo de trabajo al principio de cualquier **edición**

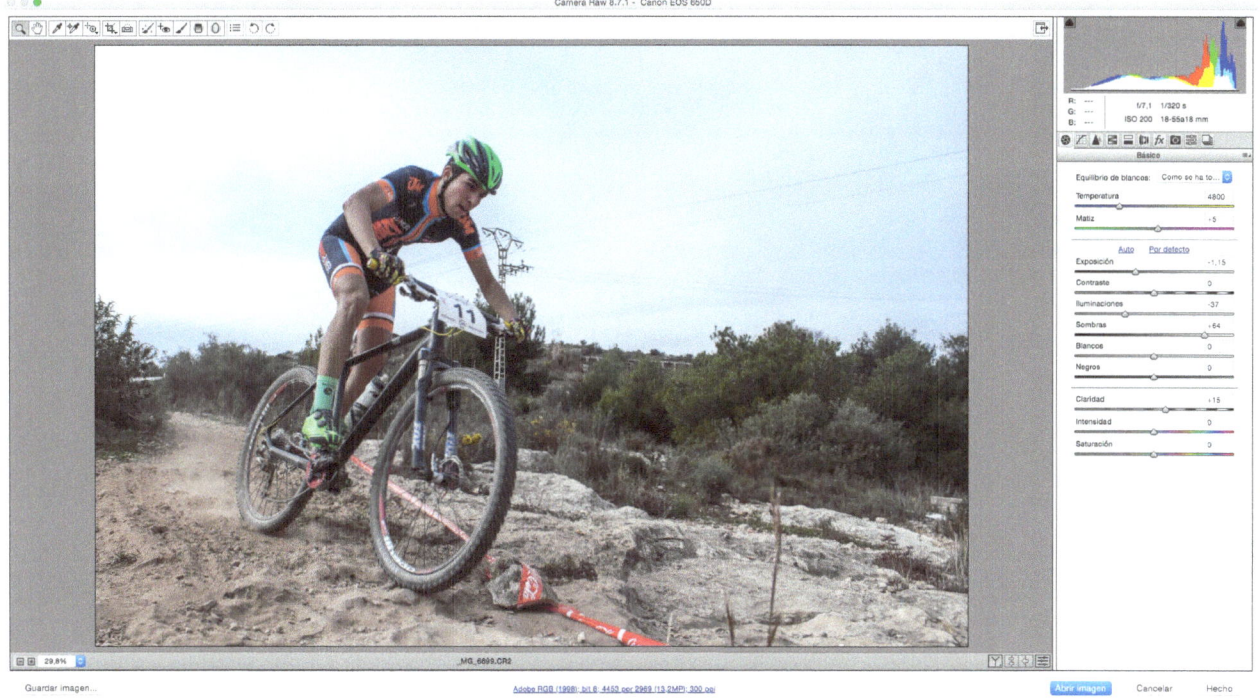

Interface de Camera Raw

4.3 Flujo de trabajo

En este tema quiero mostraros cual es mi flujo de trabajo para orientar a los que están empezando, no es ni el mejor ni el único flujo de trabajo, y poco a poco cada uno va adquiriendo su modo de trabajar que le permite sentirse más cómodo. Mi flujo de trabajo en fotografía responde a tres necesidades básicas, **organización**, **revelado raw** y **edición**. Para ello utilizo tres programas distintos pero que todos se incluyen dentro del mismo software **Photoshop**, son **Adobe Bridge**, **Adobe Camera Raw**, y el propio **Adobe Photoshop.**

Para empezar, después de una sesión fotográfica de cualquier tipo introduzco la tarjeta de mi cámara en el lector de tarjetas y abro **Bridge** para importar mis fotografías a la carpeta correspondiente. Siempre nombro mis carpetas en las que importo cada sesión con **20150118** y el nombre correspondiente a la sesión consiguiendo así tener siempre organizada mi biblioteca por fechas y nombres.

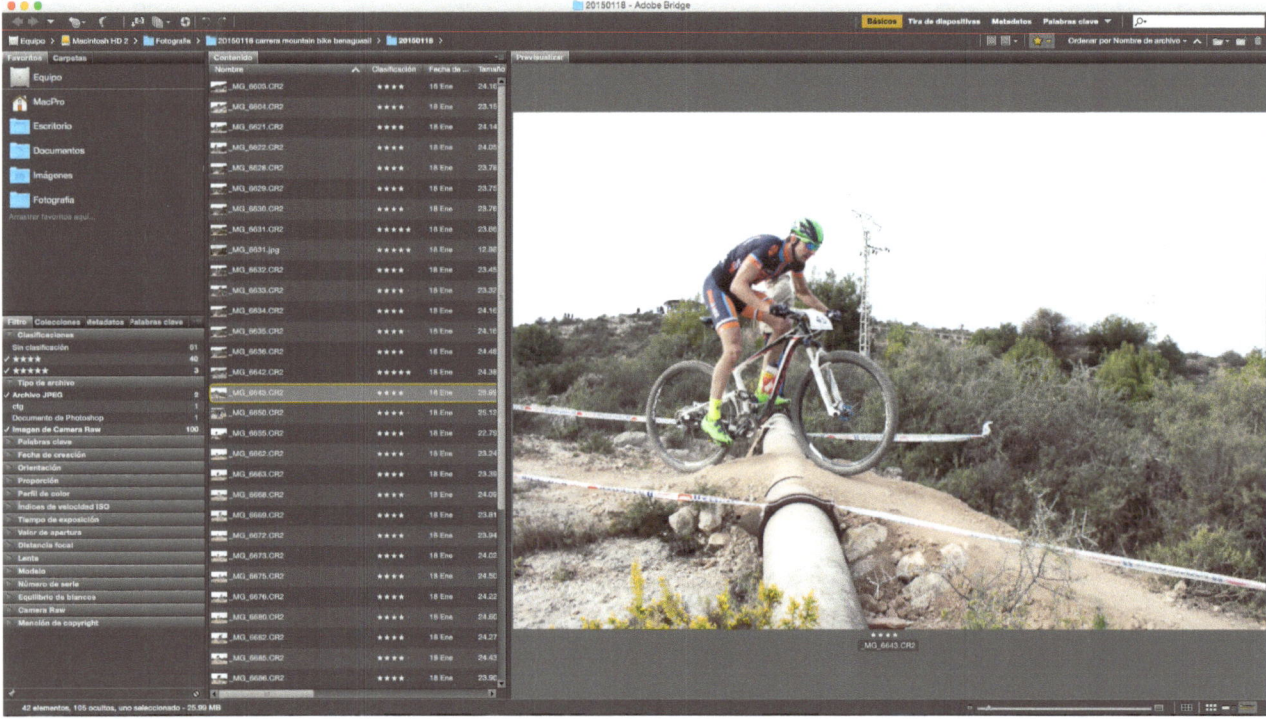

Interface Adobe Bridge

Después paso a eliminar las fotografías que no me interesan haciendo varias pasadas descartando fotografías según criterios concretos como son desenfocadas, sub o sobre-expuestas o con algún error demasiado grande respecto a composición. Para este proceso también utilizo una herramienta de **bridge** que me ayuda muchísimo, es la calificación con estrellas, calificando así las fotografías para más tarde descartar las peor calificadas.

Continuo mi flujo de trabajo desde **Bridge** pasando a abrir la fotografía a revelar en **Camera Raw** ajustando todos los valores de forma que obtenga la mejor imagen de partida para la edición posterior y más exhaustiva. **Corrigiendo la exposición**, **balance de blancos**, **detalle**, **color**, **composición** y **correcciones de lente** dentro de **Camera Raw.**

Por ultimo paso de **Camera Raw** a **Photoshop** donde realizo ajustes más específicos en la imagen como son Niveles por zonas, Enfoque Selectivo, Correcciones de Color Selectivas, Limpieza y un sinfín de opciones que nos proporciona este software tan potente y del que no me canso de aprender día tras día.

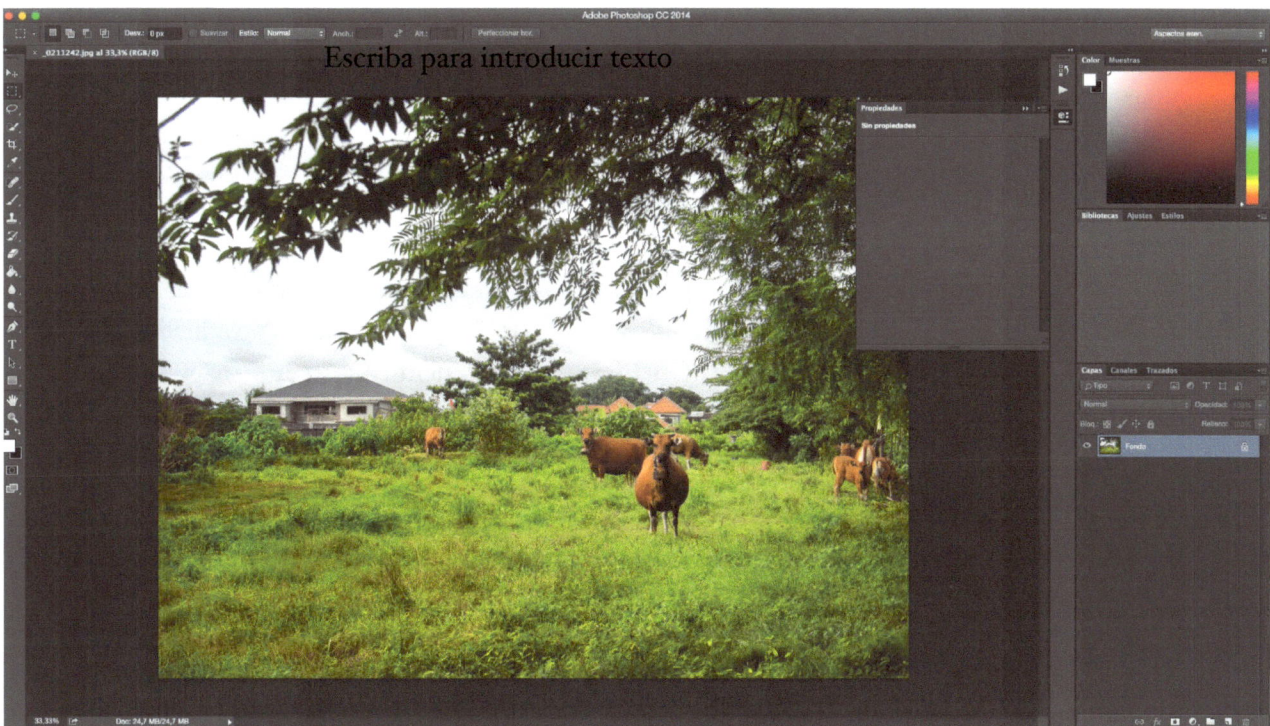

Interface Adobe Photoshop

La **edición** es todo un mundo en si dentro de la fotografía en el que nunca dejas de **aprender**, ya sean nuevas **técnicas**, nuevo software o distintas formas de trabajar.

5 Despedida

5.1 Agradecimientos

Hasta aquí este primer curso básico de fotografía, la que es mi pasión y de la que disfruto compartiendo conocimientos. Quiero agradecer a todos los lectores el tiempo dedicado a leer este texto que he escrito con amor por este mundo. También quiero agradecer la paciencia de mi familia por las noches en las que he ido tarde a la cama. Y como no agradecer a todos los amantes de la fotografía que antes que yo han compartido esta información para que yo la absorbiera y ahora pueda compartirla con vosotros.

Esta despedida no es más que un hasta luego puesto que mi intención es continuar profundizando en cada uno de los temas de este curso básico dedicando a cada uno de ellos el tiempo y dedicación necesarios para compartir la máxima información al respecto con el máximo rigor.

5.2 Enlaces

Aquí voy a compartir algunos **enlaces** en los que podréis encontrar más **información**, como son mi canal de **Youtube** en el que encontrareis **video-tutoriales** de **Photoshop** con técnicas de edición, el enlace a mi web en la que publicaré próximos **cursos** y **tutoriales**, y mi cuenta **Twitter** en la que encontrareis las ultimas noticias respecto a fotografía.

Para resolver cualquier duda podéis contactar sin problema conmigo en cualquiera de los medios disponibles.

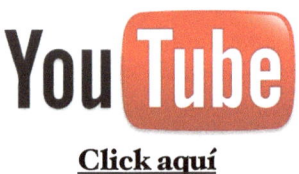
Click aquí

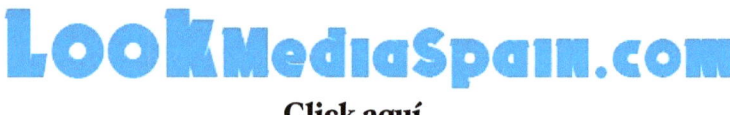
Click aquí

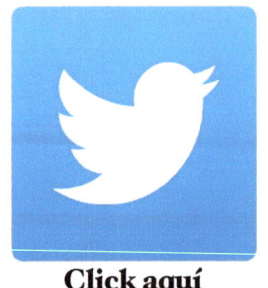
Click aquí

Contacto:

Email: info@lookmediaspain.com

Tlf: +34 669 990 332